AF451970

COMMENTAIRE

SUR

L'IMPOT DES VOITURES ET DES CHEVAUX.

TABLE.

COMMENTAIRE

SUR

L'IMPOT DES VOITURES

ET

DES CHEVAUX

(Loi du 2 Juillet 1862),

PAR

G. DESHAIRES,

Chef de Division à la Préfecture de Montauban.

> Le Gouvernement n'exige rien de ce qui pourrait ressembler à une inquisition, à une perquisition intérieure.
> (*Discours de* M. BAROCHE.)

TROISIÈME ÉDITION,

AUGMENTÉE DES DERNIÈRES INSTRUCTIONS DE L'ADMINISTRATION.

MONTAUBAN,

IMPRIMERIE FORESTIÉ NEVEU, RUE DU VIEUX-PALAIS, 23.

1863.

PRÉFACE.

Lors de la discussion de la loi des finances du 2 juillet 1862, qui établit une contribution annuelle sur les possesseurs de voitures et de chevaux affectés au service personnel du propriétaire ou de sa famille, un honorable député, M. Roques-Salvaza, frappé de toutes les difficultés que l'application de cet impôt peut soulever, disait : « Prenez-y garde, Messieurs, la contribution que vous vous proposez d'établir peut devenir un nid à procès, un nid à réclamations, et, par conséquent, à décisions. » Effectivement, en prenant connaissance du texte de cette loi, on ne peut s'empêcher de reconnaître que chaque ligne et même chaque mot peuvent donner lieu à des difficultés, à des équivoques, et que l'agent de l'Administration aussi bien que le contribuable éprouveront nécessairement, chacun en ce qui le concerne, des embarras sérieux : le premier pour l'accomplissement de ses devoirs, le second pour être fixé sur l'étendue et la limite de ses obligations.

L'expérience seule à laquelle va être soumise la loi nouvelle pourra donc dissiper l'obscurité dont certaines de ses dispositions sont entourées, et en faire reconnaître le véritable sens.

Mais, en attendant, on peut arriver à de premiers

résultats, en recherchant quelle a été la pensée du législateur, et en la suivant avec soin dans les différents
détails de cette loi, dont toutes les parties se tiennent
essentiellement.

C'est ce que nous avons entrepris de faire, en pu-
bliant quelques notes et quelques commentaires qui
peuvent répandre une certaine lumière sur les textes,
prévenir les équivoques et empêcher les fausses interprétations.

Nous nous estimerons heureux si nous sommes
parvenu à nous rendre de quelque utilité aux contribuables, et à les éclairer sur les points les plus impor-
tants de la loi nouvelle.

DE L'IMPOT SUR LES CHEVAUX ET LES VOITURES.

Ire PARTIE.

La loi du 2 juillet 1862 n'a pas été votée sans difficulté : elle a été amendée, modifiée et même remaniée plusieurs fois. Rejetée par la Chambre des députés, à la séance du 23 juin, elle fut présentée de nouveau par le Gouvernement avec des amendements considérables, et approuvée cette fois par la Chambre, le 25 du même mois, à l'exception de l'article 10 qui donna lieu à une nouvelle rédaction, et qui fut approuvé lui-même à la séance du 27 juin.

Un fait certain et qui se dégage des discussions assez passionnées qui se sont produites au sujet de cette loi, c'est que, dans l'esprit du Gouvernement et de la Chambre, ce n'est point un *impôt somptuaire* qui a été créé ; on a même mis beaucoup de soin à bien faire ressortir que son caractère essentiel ne diffère en rien de celui des impôts anciens, et qu'il n'est, en quelque sorte, que l'accessoire, le complément de la contribution des portes et fenêtres et de la contribution personnelle et mobilière.

Cependant, le projet de loi semble avoir eu un point de départ différent; on lit, en effet, dans le rapport de M. Fould :

« J'ai cru devoir proposer à Votre Majesté l'établis-
« sement d'un impôt nouveau sur les chevaux et voi-
« tures *de luxe*, etc. »

« La taxe sur les chevaux et les voitures *de luxe*
« donnera un revenu d'environ 5,500,000 fr., dont
« le dixième sera abandonné aux communes. » Mais
le principe sur lequel s'appuyait le projet de loi, vivement combattu, comme contraire à tous les précédents
en matière d'impôt, fit rejeter la contribution nouvelle.

Si l'impôt a plus tard été établi, la loi repose, comme
nous venons de le dire, sur un principe tout différent;
et on a pris soin de lui enlever tout ce qui aurait pu
faire croire à un impôt progressif ou proportionnel.
Ainsi, ce ne sont pas les voitures et les chevaux de
luxe seulement qui sont soumis à la taxe, mais l'impôt
atteint indistinctement tous les chevaux et toutes les voitures qui ne sont qu'affectés au service de la personne.

Voilà le véritable principe de la loi et la base du
nouvel impôt.

Nous avons dit que le projet de loi avait été remanié
plusieurs fois : il nous paraît utile, pour que l'on puisse
bien apprécier les dispositions qui ont prévalu, de rappeler que la rédaction de l'article 6, dans le projet
primitif, a soulevé le plus de dificultés, et qu'il était
question d'abord de ne pas appliquer l'impôt dans
toutes les communes, celles de 1,200 âmes et au-
dessous devant, en dernier lieu, en demeurer complè-
tement affranchies, et, d'un autre côté, de soumettre
à la demi-taxe, dans les communes de 20,000 âmes

et au-dessus , les voitures et les chevaux employés
partie au service du propriétaire et de sa famille, et
partie au service de l'agriculture ou, d'une profession
donnant lieu à l'imposition de la patente.

Voici, au surplus, comment cet article était conçu :

Art. 6. — Les voitures et les chevaux qui seront employés
en partie pour le service du propriétaire ou de la famille,
et en partie pour le service de l'agriculture et d'une profession quelconque donnant lieu à l'imposition d'une patente, ne seront passibles que de demi-taxe dans les communes de 20,000 âmes et au-dessus.

Ils ne seront passibles d'aucune taxe dans les communes
de 20,000 âmes et au-dessous.

L'impôt ne sera pas appliqué dans les communes au-
dessous de 1,200 âmes.

Le chiffre de *1,200 âmes* fut substitué, d'accord avec
le conseil d'État, à celui de *2,500 âmes* demandé par
la commission.

Plusieurs autres amendements avaient, en outre,
été présentés pour que les chevaux et les voitures assujettis à l'impôt de la prestation, conformément à
l'article 3 de la loi du 21 mai 1836, fussent dispensés de la nouvelle taxe.

On faisait valoir, en insistant vivement à ce sujet,
que les deux contributions feraient double emploi.

Ces objections ne furent pas prises en considération
par la commission : nous verrons qu'elles se sont re-
produites lorsque le projet de loi rectifié a été discuté,
et que cette fois elles furent rejetées d'une manière
radicale, puisque, dans le premier projet, les communes
rurales au-dessous de 1,200 âmes étaient exonérées

de l'impôt qui, dans la loi définitivement adoptée, s'applique à toutes les communes indistinctement.

Voici le texte de la loi :

ART. 4. — A partir du premier janvier 1863, il sera perçu une contribution annuelle par chaque voiture attelée et pour chaque cheval affecté au service personnel du propriétaire ou au service de sa famille.

ART. 5. — Cette contribution sera établie d'après le tarif suivant :

VILLES, COMMUNES OU LOCALITÉS dans lesquelles LE TARIF EST APPLICABLE.	SOMME A PAYER, non compris LE FONDS DE NON-VALEURS, par chaque		CHEVAL de selle ou d'attelage.
	VOITURE		
	à 4 roues.	à 2 roues.	
	fr.	fr.	fr.
Paris.	60	40	25
Les communes, autres que Paris, ayant plus de 40,000 âmes de population.	50	25	20
Les communes de 20,001 âmes à 40,000 âmes.	40	20	15
Les communes de 3,001 âmes à 20,000 âmes.	25	10	10
Les communes de 3,000 âmes et au-dessous.	10	5	5

ART. 6. — Les voitures et les chevaux qui seront employés en partie pour le service du propriétaire ou de la famille, et en partie pour le service de l'agriculture ou d'une profession quelconque donnant lieu à l'imposition d'une patente, ne seront point passibles de la taxe.

ART. 7. — Ne donnent pas lieu au paiement de la taxe:

1° Les chevaux et voitures possédés en conformité des règlements du service militaire ou administratif et par les ministres des différents cultes;

2° Les juments et étalons exclusivement consacrés à la reproduction ;

3º Les chevaux et voitures exclusivement employés aux travaux de l'agriculture ou d'une profession quelconque donnant lieu à l'application de la patente.

ART. 8. — Il sera attribué aux communes un dixième du produit de l'impôt établi par l'article 4 qui précède, déduction faite des cotes ou portions de cotes dont le dégrèvement aura été accordé.

ART. 9. — La contribution établie par l'article 4 précité est due pour l'année entière, en ce qui concerne les faits existants au 1er janvier.

Dans le cas où, à raison d'une résidence nouvelle, le contribuable devient passible d'une taxe supérieure à celle à laquelle il a été assujetti au 1er janvier, il ne doit qu'un droit complémentaire égal au montant de la différence.

ART. 10. — Si le contribuable a plusieurs résidences, il sera, pour les chevaux et les voitures qui le suivent habituellement, imposé dans la commune où il est soumis à la contribution personnelle, conformément à l'article 13 de la loi du 21 avril 1832 ; mais la contribution sera établie suivant la taxe de la commune dont la population est la plus élevée. Pour les chevaux et les voitures qui restent habituellement attachés à l'une de ses résidences, le contribuable sera imposé dans la commune de cette résidence et suivant la taxe afférente à la population de cette commune.

ART. 11. — Les contribuables sont tenus de faire la déclaration des voitures et des chevaux à raison desquels ils sont imposables, et d'indiquer les différentes communes où ils ont des habitations, en désignant celles où ils ont des éléments de cotisation en permanence.

Les déclarations sont valables pour toute la durée des faits qui y ont donné lieu ; elles doivent être modifiées dans le cas de changement de résidence hors de la commune ou du ressort de la perception, et dans le cas de modifications survenues dans les bases de cotisation.

Les déclarations seront faites ou modifiées, s'il y a lieu, le 15 janvier au plus tard de chaque année, à la mairie de l'une des communes où les contribuables ont leur résidence.

Si les déclarations ne sont pas faites dans le délai ci-dessus, ou si elles sont inexactes ou incomplètes, il y sera suppléé d'office par le contrôleur des contributions directes, qui est chargé de rédiger, de concert avec le maire et les répartiteurs, l'état-matrice destiné à servir de base à la confection du rôle.

En cas de contestation entre le contrôleur et le maire et les répartiteurs, il sera, sur le rapport du directeur des contributions directes, statué par le préfet, sauf référé au Ministre des finances, si la décision était contraire à la proposition du directeur, et, dans tous les cas, sans préjudice pour le contribuable du droit de réclamer après la mise en recouvrement du rôle.

Art. 12. — Les taxes seront doublées pour les voitures et les chevaux qui n'auront pas été déclarés ou qui auront été déclarés d'une manière inexacte.

Art. 13. — Il est ajouté à l'impôt cinq centimes par franc pour couvrir les décharges, réductions, remises ou modérations, ainsi que les frais de l'assiette de l'impôt et ceux de la confection des rôles, qui seront établis, arrêtés, publiés et recouvrés comme en matière de contributions directes.

En cas d'insuffisance, il sera pourvu au déficit par un prélèvement sur le montant de l'impôt.

Examinons maintenant les dispositions de chacun des articles de cette loi, et cherchons à en découvrir l'esprit, et à les interpréter dans leur sens le plus naturel.

Art. 4. — A partir du premier janvier 1863, il sera perçu une contribution annuelle par chaque voiture attelée et pour chaque cheval affecté au service personnel du propriétaire ou au service de sa famille.

Que doit-on entendre par voiture attelée et par cheval affecté au service personnel du propriétaire ou au service de sa famille?

Voici, à cet égard, l'explication que nous donne l'instruction publiée par la direction générale des contributions directes :

On doit entendre par voitures attelées, dit cette instruction, seulement celles que le propriétaire peut atteler simultanément. On ne pourrait donc les imposer dans des conditions différentes, quand même elles auraient le caractère incontestable de voitures de luxe.

Ainsi, on n'imposerait qu'une seule voiture à celui qui n'aurait qu'un cheval, alors même qu'il aurait deux ou un plus grand nombre de voitures qu'il attellerait alternativement ; on n'imposerait également au propriétaire de deux chevaux qu'une voiture, bien qu'il en eût plusieurs, si chacune de ces voitures ne pouvait être attelée qu'au moyen de deux chevaux.

Cependant, le propriétaire qui aurait trois voitures et deux chevaux, et qui attellerait tantôt ses deux chevaux à une seule voiture, et tantôt deux de ses voitures avec un seul cheval, devrait évidemment être imposé pour deux voitures et deux chevaux, *mais non pour trois voitures.*

Remarquons ici que cette instruction établit de la manière la plus nette que le caractère distinctif de l'impôt pour la voiture, c'est la possibilité pour le propriétaire de l'atteler, de la faire mouvoir, de l'employer à son service personnel avec des chevaux qui lui appartiennent.

Le principe est parfaitement posé, parfaitement établi, et aucune équivoque ne paraît possible.

En effet, un propriétaire qui aurait *trois voitures et deux chevaux*, ne serait passible de l'impôt que pour *deux voitures et deux chevaux.*

L'instruction se montre ainsi, dans son appréciation, strictement fidèle au principe libéral de la loi : elle prend soin de rappeler que la forme de la voiture, sa structure plus ou moins élégante et luxueuse sont sans influence pour l'application de la taxe. Cette observation a son importance, comme nous le verrons tout à l'heure à propos de l'article 6.

Donc, nous le répétons, le signe de l'impôt pour la voiture, de quelque nature qu'elle soit, qu'il s'agisse d'une voiture suspendue ou non suspendue, d'un tilbury, d'une voiture à deux roues ou à quatre roues, d'une simple jardinière, c'est la possibilité de l'atteler avec des chevaux qui soient à vous. C'est tellement vrai, nous le répétons encore une fois, que, dans le cas prévu de deux voitures et d'un seul cheval, *c'est l'instruction qui le dit*, la contribution n'est due que *pour une voiture et un cheval.*

Cependant, il y a contradiction dans cette même instruction, quand il s'agit d'une seule voiture possédée par un propriétaire qui n'aurait pas en même temps de cheval, ou qui se servirait d'un cheval employé à l'agriculture !

C'est ici que l'on peut tomber, si l'on n'y prend garde, dans une véritable confusion, et qu'il est bon surtout, pour éviter toute méprise, de bien se rappeler qu'il ne s'agit pas d'un *impôt somptuaire*, mais uniquement de la *destination* donnée à la voiture.

En effet, d'après l'instruction, si les voitures attelées sont seules imposables, il faut cependant remarquer que les taxes énoncées au tarif comme applicables aux voitures, comprennent, non une somme indivisible due pour l'équipage entier, mais la somme particulière qui est afférente à la voiture prise isolément. Il faut, par conséquent, pour établir l'impôt dû par un contribuable chez qui l'on trouverait les deux éléments de cotisation, c'est-à-dire un cheval et une voiture, faire deux applications de tarif, l'une aux voitures, l'autre aux chevaux, et réunir ensuite les deux produits.

Evidemment, ici, l'instruction se substitue à la loi : elle procède à la fois par voie d'interprétation et d'extension, ce qui ne peut être admis en matière fiscale, où tout est de droit étroit.

Et puis, que de difficultés et de contestations renferment ces quelques lignes !

Continuons :

Il résulte de ce qui précède, qu'un contribuable possesseur de voitures qu'il n'attellerait qu'avec des chevaux non passibles de la taxe, tels que les chevaux employés exclusivement ou en partie à l'agriculture, à l'exercice d'une profession sujette à patente, etc., devrait cependant être imposé, s'il faisait usage de ses voitures pour son service personnel ou celui de sa famille ; mais on ne lui appliquerait que la taxe afférente aux voitures.

C'est très-bien ; il n'y a ici qu'un inconvénient : c'est que, sans le dire précisément, on revient sur le principe qui a été posé. Ne voit-on pas, en effet, apparaître la *voiture de luxe*, traînée par un cheval attaché à l'agriculture ?

Voici donc un équipage mixte et qui se divisera en deux parties : le cheval affranchi de la taxe, la voiture passible de l'impôt. Mais qui sera juge de la difficulté ? Qui pourra même la pressentir ? Si, le 1er janvier, je possède une voiture qui ne soit pas en état d'être attelée, me sera-t-il possible de prévoir que tel ou tel fait pourra m'obliger, dans le courant de l'année, à m'en servir pour mon usage personnel, en prenant un des chevaux de ma ferme ou en empruntant celui de mon voisin ? Et qui pourra attester à l'agent de l'administration que cette voiture dont je me servirai une ou deux fois est employée à mon usage personnel, et non pour le service même de mon exploitation exigeant ma présence à telle foire ou à tel marché ?

Évidemment, l'assiette d'un impôt ne peut point être déterminée d'une telle façon. Là où il faut quelque chose de fixe, de précis, on se trouve lancé dans le domaine des conjectures et des suppositions, et on ne rencontre que des objections sans solution.

Donc, à notre avis, énoncer de telles difficultés, c'est les résoudre ; et nous ne pensons pas que l'on puisse sérieusement songer à imposer *des voitures non attelées* ou qui pourront l'être très-accidentellement, dans le cas prévu par l'instruction.

Maintenant quels sont les chevaux affectés à l'usage personnel du propriétaire ?

Ce sont d'abord les chevaux de selle et tous ceux attelés à des équipages, et qui ne sont pas employés aux travaux de l'agriculture.

On a demandé si les chevaux de course seraient assujettis à l'impôt. Il a été répondu par le commissaire du Gouvernement, lors de la discussion de la loi, que les chevaux de cette espèce étant presque toujours affectés au service spécial du propriétaire et de sa famille, étaient passibles de la taxe ; mais que cependant ils en seraient affranchis si, comme étalons, ils étaient nécessaires à la reproduction.

On a demandé aussi à quel âge les chevaux devraient être imposés. Il a été répondu que la loi n'imposait pas le cheval, mais l'usage qui en était fait ; que, par conséquent, aucun impôt ne devait frapper le poulain, et que l'on ne pouvait considérer non plus le dressage de cet animal comme un service profitant au propriétaire ; que l'on n'avait pas, dès-lors, à rechercher l'âge auquel le cheval doit être imposé, ce qui serait fort difficile, parce qu'il n'existe aucun signe précis de distinction à ce sujet, et qu'il suffira, quel que soit l'âge du cheval, qu'il soit établi qu'il est employé utilement par le maître, soit pour la selle, soit pour la voiture, quand bien même il aurait été mis en service prématurément.

Nous remarquons, en outre, que la loi ne parle pas des voitures attelées avec des mulets ou avec des ânes. Ces voitures nous paraissent devoir être dispensées de l'impôt.

Ajoutons que les chevaux et les voitures de louage sont aussi affranchis de la taxe.

Art. 5. — Cette contribution sera établie d'après le tarif suivant. (Voir le *tableau*, page 10.)

Nous rappelons ici que, dans le projet de loi, l'impôt ne s'étendait pas à toutes les communes indistinctement; qu'il s'arrêtait d'abord aux communes de 5,000 âmes et au-dessous ; qu'on le fit descendre ensuite jusqu'aux communes de 1,200 âmes , et qu'enfin on le généralisa et on le rendit applicable à toutes les communes indistinctement, mais en le graduant, selon l'importance des localités.

D'un autre côté, les voitures et les chevaux employés en partie pour le service du propriétaire et de la famille, et en partie pour le service d'une profession quelconque donnant lieu à l'imposition d'une patente, étaient soumis à une demi-taxe dans toutes les communes *au-dessus de 20,000 âmes*.

Cette demi-taxe a été supprimée.

Par le fait, le produit approximatif de l'impôt évalué à 5,500,000 fr. est resté à peu près le même.

Car si les demi-taxes dont nous venons de parler ont été supprimées, ce qui a entraîné une diminution de recette de 800,000 fr. environ, l'impôt produira une somme à peu près équivalente dans les communes de 3,000 âmes et au-dessous, qui en étaient affranchies.

On ne sera pas fâché de connaître avec plus de détails que nous n'en avons déjà donnés, les principaux motifs qui d'abord avaient fait excepter de l'impôt les communes de 5,000 âmes et au-dessous, puis ensuite celles de 1,200 âmes.

On faisait valoir, avec beaucoup de force, que dans toutes ces communes qui ne peuvent rédimer les propriétaires des charges vicinales, les chevaux et les voitures y sont déjà soumis à un premier impôt créé par la loi du 21 mai 1836, sur les chemins vicinaux, impôt qui n'existe pas dans les villes ; que les propriétaires habitant les communes rurales auraient donc à payer un double impôt, et qu'ainsi le principe d'égalité des charges était rompu à leur égard.

Quand il s'est agi de faire descendre la nouvelle contribution jusqu'aux communes de 1,200 âmes, on a aussitôt fait remarquer que l'un des départements les plus riches et les plus étendus de France, celui de la Côte-d'Or, qui renferme sept cent douze communes, n'en contenait que trente-deux dont la population fût supérieure à 1,200 âmes, et que dès-lors il y en aurait six cent quatre-vingts habitées par des propriétaires aussi aisés, et qui cependant seraient affranchies de l'impôt.

On faisait remarquer de plus que ces communes n'étaient pas habitées que par des agriculteurs aisés, que l'on trouvait dans chacune d'elles un ou deux châteaux et un certain nombre d'habitations bourgeoises, et qu'il y aurait vraiment quelque chose d'offensant pour le principe de justice et d'égalité qui doit toujours dominer en matière d'impôts, à créer des exceptions de commune à commune, le plus souvent contiguës l'une à l'autre.

Ces raisons parurent tellement puissantes, que les différentes lignes de démarcation que l'on voulait établir entre les communes furent effacées, et que l'on fut à peu près unanimement d'avis ou de rejeter la loi, ou de lui donner au moins le caractère de généralité qu'elle a reçu. Il ne restait donc qu'à examiner la question de savoir si les petites communes, les communes rurales, auraient réellement à supporter un double impôt, tandis que les communes importantes, les grandes villes affranchies de la première contribution, ne seraient grevées que du nouvel impôt.

On a fait remarquer que cette objection était plutôt spécieuse que réelle.

En effet, a-t-on dit, l'impôt des prestations n'est point rigoureusement obligatoire. C'est un impôt facultatif et subsidiaire, puisque la commune n'est pas tenue de le voter chaque année, ses ressources pouvant suffire à assurer le service vicinal, et que, dans ce cas, on ne lui demande pas la création ni des centimes spéciaux ni des journées de prestations. Ce n'est donc point un impôt permanent, obligatoire, ayant le caractère de celui spécifié dans la nouvelle loi.

Mais, en laissant de côté ces considérations, on a fait ressortir avec raison que si les communes rurales avaient des charges vicinales, les communes importantes, les grandes villes, étaient soumises à des charges bien plus lourdes : celles de l'octroi qui imposent les fourrages et les différentes denrées servant à la nourriture des chevaux, et de plus les fers employés à la construction des voitures. Malgré l'insistance des adversaires de la loi, les considérations que nous venons d'indiquer, jointes à celles résultant des nécessités financières, ont eu raison des hésitations de la Chambre.

Le principe du nouvel impôt étant admis, il ne s'agissait plus que d'ajouter à son caractère d'égalité celui de la généralité, qui est la base de tous nos impôts.

La nouvelle contribution a donc été généralisée, c'est-à-dire appliquée à toutes les communes, sinon d'une manière uniforme, du moins en raison de l'importance des localités et de l'aisance relative des habitants, calculée d'après le chiffre de la population.

Si, en partant de ces données, l'on n'arrive pas à une exactitude mathématique, on peut dire au moins qu'il ne serait pas juste d'imposer de la même façon la voiture du grand seigneur qui brûle le pavé de Paris, et celle du tout petit propriétaire, habitant une ferme isolée, dans une commune de peu d'importance, et qui se sert d'une voiture pour se rendre le dimanche, avec les membres de sa famille, à la messe de son village (1).

Mais disons de suite qu'il est fort peu de propriétaires dans ces conditions qui soient, à nos yeux, passibles de l'impôt.

(1) La direction des contributions directes a fait dresser un tableau de toutes les communes au-dessus de 5,000 âmes. Ce tableau est déposé dans toutes les préfectures, où les contribuables pourront en prendre connaissance.

Art. 6. — Les voitures et les chevaux qui seront employés en partie pour le service du propriétaire ou de la famille, et en partie pour le service de l'agriculture ou d'une profession quelconque donnant lieu à l'imposition d'une patente, ne seront point passibles de la taxe.

Cet article, dont nous avons déjà parlé, est celui qui peut soulever le plus de contestations et de difficultés dans son application, non-seulement parce qu'il intéresse un très-grand nombre de contribuables, mais encore parce qu'il ne détermine rien avec précision.

Il importe donc d'en examiner les dispositions avec beaucoup d'attention.

Quand cet article a été discuté devant la Chambre, on s'est demandé ce que l'on devait entendre par une voiture mixte, c'est-à-dire employée, tantôt au service de l'agriculture, et tantôt au service du propriétaire et de sa famille.

La définition que M. Baroche, commissaire du Gouvernement, a donnée de cette voiture peut se résumer ainsi qu'il suit :

« La voiture dont on veut parler n'est point une voiture de luxe, mais ce n'est pas non plus un tombereau ; *ce n'est point cette voiture sans forme et sans nom dont on vous a entretenus, et qui sert à transporter les denrées que l'on veut vendre ;* c'est *ce petit cabriolet, cette espèce de tilbury, cette petite carriole* dont se sert un cultivateur, en y attelant un des chevaux de sa ferme pour aller une ou deux fois par semaine au marché. »

Nous croyons que l'on ne s'est peut-être pas bien entendu à ce sujet.

Nous avons pris soin, dès le début, de fixer le point de départ du nouvel impôt. Il importe de bien remarquer, avons-nous dit, qu'il ne s'agit point d'un impôt somptuaire et qui doit frapper la voiture de luxe, nous appuyant sur les propres paroles du rapporteur du projet de loi, M. Segris, qui s'exprimait ainsi ([1]) :

« L'impôt proposé doit atteindre aussi bien la plus modeste carriole attelée, suspendue ou non sur ressorts, *mais affectée au service de la personne*, que *le somptueux équipage.* »

« Si l'impôt se fût produit comme inaugurant le prin-
« cipe des impôts *sur le luxe* et sur les manifestations
« extérieures de la richesse, *la majorité* de votre com-
« mission se fût prononcée pour le rejet. »

En présence d'explications si claires et du principe si bien défini du nouvel impôt, la discussion nous paraît s'être égarée dans une certaine confusion provoquée par les interpellations fréquentes des adversaires du projet.

Ce n'était point, en effet, la forme de la voiture, son extérieur modeste ou luxueux qu'il s'agissait de rechercher, *mais sa destination réelle.*

En effet, deux petits propriétaires, logés à côté l'un de l'autre, peuvent se servir de deux voitures différentes pour le même usage, la même destination, c'est-à-dire pour se rendre aux foires et marchés et y gérer leurs affaires. Ce sera souvent le moins aisé qui aura la voiture la plus commode, celle à 4 roues, si on veut!

<hr>

([1]) Séance de la Chambre des députés du 5 juin 1862. — Voir le *Moniteur* du 15 juin.

Dira-t-on que l'une des deux voitures doit être imposée, et l'autre affranchie de l'impôt ?

Nous ne le pensons certainement pas :

Du moment où il sera établi que le propriétaire gère lui-même sa ferme, qu'une voiture lui est nécessaire pour l'exploitation de sa propriété, pour des déplacements qu'exige le soin de ses affaires, nous ne croyons pas que *l'on puisse imposer cette voiture*, quelle qu'en soit la forme et le plus ou moins de confortable, et nous pensons que la jurisprudence des conseils de préfecture viendra bientôt consacrer nos appréciations.

En ce qui est des chevaux qui servent à un double usage, on a fait observer avec raison qu'il n'en était peut-être pas un seul dans les campagnes qui ne soit employé aux travaux de la ferme, et qui ne serve, en même temps, au service personnel du maître.

Par conséquent, tous les chevaux de cette catégorie seront dispensés de la taxe. Du reste, a-t-on dit, aussi bien pour l'exemption que pour l'imposition, il y aura lieu de tenir compte de la permanence et de la fréquence des faits, et de ne pas s'occuper, au contraire, de ceux qui seront purement accidentels.

On a vu que la loi ne parle pas seulement des voitures et des chevaux employés en partie au service de l'agriculture et en partie au service du propriétaire ou de sa famille, mais aussi des voitures et des chevaux affectés au service d'une profession quelconque, et qui peuvent, en même temps, être employés pour le service personnel, l'agrément, la commodité du propriétaire et de sa famille.

Cette disposition spéciale est restée entourée d'une très-grande obscurité.

On s'est demandé : 1° si toutes les professions sujettes à patente seraient dispensées de l'impôt ?

2° Si toutes les voitures et tous les chevaux de la personne payant la patente jouiraient de l'exemption prévue ?

Voici, sur le premier point, les explications données par le rapporteur de la commission :

« L'exemption, dit le Rapport, doit être renfermée dans ses véritables limites :

« Toutes les fois que la voiture est un instrument indispensable et nécessaire à la profession patentée, et que ce n'est que *par accident, fortuitement en quelque sorte*, qu'elle est employée pour le service du propriétaire et de la famille, alors, *dans ce cas seul*, la voiture ne sera pas atteinte.

« Pour en donner un exemple, le boulanger qui a une voiture suspendue sur ressorts pour voiturer le pain qu'il vend à ses pratiques, et qui se servira parfois de la même voiture pour conduire, le dimanche, sa famille à la campagne, ne paiera pas l'impôt. Pourquoi? Parce que le cheval et la voiture sont ici l'instrument habituel et nécessaire du commerce exercé, et que l'usage qui en est fait accidentellement pour le transport du propriétaire et de la famille ne peut en dénaturer le véritable caractère.

« Mais on ne pourra pas dire que le riche banquier, l'homme qui est dans une situation commerciale opulente, l'agent de change, par cela seul qu'ils paient une patente, ne paieront pas l'impôt des voitures. »

Voici, d'un autre côté, l'explication donnée par l'instruction de l'administration, qui se rapproche beaucoup de la précédente :

« Sont dispensés de l'impôt le cheval et la voiture
« d'un boulanger, d'un boucher, d'un meunier, d'un
« colporteur, etc., lorsque ce cheval et cette voiture
« seront employés pour le commerce et quelquefois pour
« le plaisir ou l'agrément du possesseur ou de sa famille;
« le cheval et la voiture d'un médecin, d'un notaire,
« d'un huissier, lorsque le propriétaire les utilisera
« pour l'exercice de sa profession et pour son service
« personnel.

« Si, cependant, une profession sujette à patente
« n'exigeait pas réellement, soit par sa nature, soit par
« la manière dont elle serait exercée, l'emploi d'un
« cheval ou d'une voiture, comme, par exemple, la
« profession des banquiers, des avocats, des notaires
« de ville *dont les fonctions s'exercent principalement en*
« *l'étude*, les voitures et les chevaux de ces personnes
« devraient être imposés. »

On le voit, les dispositions de l'article 6 concernant les possesseurs de voitures et de chevaux soumis à la patente, ne peuvent être prises dans un sens littéral et absolu. Il faut qu'il soit établi que le cheval et la voiture servent à l'exercice de la profession.

On demanda, dans la discussion, si le cheval d'un notaire devait payer.

Le commissaire du Gouvernement répondit que le cheval du notaire placé dans la campagne ne paierait pas, par cette raison bien simple qu'il ne peut remplir ses fonctions sans avoir un cheval à son service; mais que le notaire de Paris, qui a voiture et équipage, serait obligé de payer, parce que la possession d'un cheval et d'une voiture ne sont pas indispensables à sa profession.

Cette appréciation a paru très-contestable, et elle est, dans ce moment, le sujet d'une vive controverse,

On a demandé aussi si tous les médecins devaient être affranchis de la taxe sans distinction.

Il a été répondu affirmativement.

Reste la seconde question, et la solution nous en paraît extrêmement difficile.

Elle sera assurément toute d'appréciation de la part des agents de l'administration et des tribunaux administratifs.

Cette question est celle-ci :

Quel sera le nombre des voitures et des chevaux dont pourra faire usage chaque profession patentée sans payer l'impôt?

Dans les petites localités, il n'y a pas de difficultés pour certaines professions, telles que celles de boulanger, boucher, etc. Il est évident qu'une seule voiture et un cheval peuvent suffire, et que la possession d'un second cheval et d'une seconde voiture indiquerait l'idée d'un service exclusivement personnel. Nous devons, toutefois, faire observer que les bouchers, par la nature même de leur industrie, sont obligés de fréquenter continuellement les foires et les marchés, et que quelques-uns d'entre eux, selon l'importance et le développement de leur profession, sont dans la stricte nécessité, même dans les localités de peu d'importance, d'avoir le plus souvent, sinon deux voitures, au moins deux chevaux.

Mais, pour les autres professions, telles que celles de médecin et de notaire, par exemple, qui viendra assigner la limite à laquelle on devra s'arrêter?

Un médecin peut assurément avoir besoin de trois ou quatre chevaux, en raison de l'importance de sa clientèle, et employer autant de voitures, tantôt à deux roues, tantôt à quatre roues, selon les localités dans lesquelles il est appelé et les chemins qu'il doit traverser.

Du moment où il est bien établi que ce n'est pas la voiture de luxe qui doit être imposée, comment pourra-t-on dire à ce praticien : « Vous avez quatre voitures et quatre chevaux ; vous en auriez assez de trois, et la preuve, c'est que vous avez employé tel jour une voiture à quatre roues, que l'on peut considérer comme voiture de luxe. »

Evidemment, avec un tel raisonnement on ne peut établir un impôt ; et chaque fois que la question sera posée devant les juges, ils seront certainement dans un grand embarras pour la résoudre.

Ce que nous venons de dire pour les médecins s'applique également, dans une proportion moindre à la vérité, aux notaires de campagne qui, eux aussi, peuvent avoir besoin de plusieurs chevaux et de plusieurs voitures.

Médecins et notaires sont évidemment seuls juges du nombre des voitures et des chevaux utiles pour l'exercice de leur profession.

Le médecin connaît le nombre de ses malades, le notaire celui des actes qu'il reçoit.

Voulez-vous obliger ces deux professions à faire connaître aux agents de l'administration des faits qu'elles peuvent avoir intérêt à tenir cachés?

Ce serait aller contre les propres déclarations du Gouvernement, que nous reproduisons ici :

« Ce que le Gouvernement cherche, c'est de com-
« pléter son système d'impôts, en s'attaquant à des
« signes qui n'exigent rien de ce qui pourrait ressem-
« bler à une inquisition, à une perquisition inté-
« rieure! »

Or, nous nous le demandons, comment arriver à fixer le nombre des voitures et des chevaux que l'on doit accorder à un médecin, à un notaire et à d'autres professions, sans se livrer à cette inquisition et à cette perquisition intérieure que le Gouvernement veut éviter?

Nous ne nous étonnons donc pas que des jurisconsultes distingués se prononcent *d'une manière radicale* pour la dispense absolue de l'impôt.

Peut-être, pour prévenir ces difficultés, eût-il été plus sage de créer des catégories selon l'importance des localités, et de disposer que, dans telle ou telle commune, les médecins et les notaires pourront avoir, sans payer l'impôt, un *nombre déterminé* de chevaux et de voitures.

La loi ne peut embrasser que des généralités, et en variant à l'infini le nombre des cas qui peuvent se présenter, en laissant la porte ouverte au doute, à l'interprétation et aux discussions, on ne peut manquer de faire naître un très-grand nombre de contestations.

Passons à l'article 7 :

Art. 7. — Ne donnent pas lieu au paiement de la taxe :
1° Les chevaux et voitures possédés en conformité des règlements du service militaire ou administratif et par les ministres des différents cultes (Voir page 63);
2° Les juments et étalons exclusivement consacrés à la reproduction ;
3° Les chevaux et voitures exclusivement employés aux travaux de l'agriculture ou d'une profession quelconque donnant lieu à l'application de la patente.

Un exemple suffira pour fixer sur le sens et l'application du paragraphe 1er.

On sait que certains employés de la régie des contributions indirectes doivent posséder un cheval pour faire leur service, tels que les receveurs à cheval, les commis à cheval, etc.

Ces employés devant, d'après les règlements, pourvoir à l'entretien *d'un cheval*, jouiront à ce sujet de l'exemption de l'impôt. Mais si, au lieu d'un cheval, ils en avaient deux et même qu'ils se servissent d'une voiture dont la possession n'est pas rendue obligatoire par les instructions, ils devraient, à notre avis, payer l'impôt, non-seulement pour un cheval, mais aussi pour la voiture.

Ce que nous venons de dire s'applique également aux fonctionnaires et employés du service militaire.

Quant aux ministres des différents cultes, ils ont été affranchis de l'impôt sans exception et d'une manière générale. Nous ne pensons donc pas que l'on ait à rechercher, en ce qui les concerne, si l'exercice de leur ministère les oblige ou non à posséder cheval et voiture.

Du reste, un député ayant demandé, dans la discussion, si les cardinaux et les archevêques profiteraient aussi de la franchise, le commissaire du Gouvernement a répondu que tous les ministres du culte *n'auraient rien à payer*.

Il est facile de s'expliquer les motifs de l'exemption. Les desservants, chargés de l'administration d'une paroisse, ne sont pas seuls exposés à des déplacements. Il n'est pas un seul prêtre à la porte duquel on ne puisse venir frapper au milieu de la nuit, et qui ne soit obligé d'avoir presque toujours sous la main un cheval et une voiture.

Cette observation s'applique de tous points aux ministres des autres cultes.

Le deuxième paragraphe de cet article appliquant l'exemption de la taxe aux juments et étalons exclusivement consacrés à la reproduction, doit être interprété dans ce sens que la taxe devient exigible, lorsque les juments et les étalons sont en même temps affectés au service du propriétaire.

Ainsi, une jument et un étalon qui seraient employés

fréquemment à la selle par le propriétaire seraient passibles de la contribution.

L'étalon seul évidemment pourrait recevoir exclusivement cette double destination, puisqu'il n'est pas possible de l'employer aux travaux des champs.

Mais si la jument de reproduction servait en même temps aux travaux de l'agriculture, ce qui arrive presque toujours, ainsi qu'on l'a fait remarquer avec raison, elle ne devrait pas être frappée de la taxe, quand bien même elle servirait quelquefois au propriétaire et à sa famille.

Enfin, la rédaction du paragraphe 3 de cet article avait fait craindre que les dispositions de l'article 6, concernant le service mixte des chevaux et des voitures, ne fussent en quelque sorte annulées, puisque la condition de l'exemption de l'impôt s'y trouve restreinte aux voitures et aux chevaux exclusivement employés aux travaux de l'agriculture ou d'une profession quelconque donnant lieu à l'application de la patente.

Mais le commissaire du Gouvernement a fait remarquer que, loin de détruire les franchises prononcées par l'article 6, le paragraphe que nous venons de citer ne faisait que les confirmer ; que l'on ne devait y voir qu'une *redondance* produite par cette circonstance que la loi a été souvent modifiée, notamment l'article 6 qui, dans le projet primitif, soumettait les chevaux et les voitures mixtes à une demi-taxe dont plus tard ils ont été affranchis.

Art. 8. — Il sera attribué aux communes un dixième du produit de l'impôt établi par l'article 4 qui précède, déduction faite des cotes ou portions de cotes dont le dégrèvement aura été accordé.

Nous n'avons aucune observation à présenter au sujet de cet article, si ce n'est que, dans le projet primitif, la part de l'impôt attribuée aux communes était du quart et non du dixième.

Art. 9. — La contribution établie par l'article 4 précité est due pour l'année entière, en ce qui concerne les faits existants au 1er janvier.

Dans le cas où, à raison d'une résidence nouvelle, le contribuable devient passible d'une taxe supérieure à celle à laquelle il a été assujetti au 1er janvier, il ne doit qu'un droit complémentaire égal au montant de la différence.

La rédaction du premier paragraphe de cet article est fort claire, et n'a besoin d'aucune explication.

Ainsi, seront seuls passibles de la taxe les chevaux et voitures possédés à la date *du 1er janvier*.

Bien que les déclarations des contribuables soient admises jusqu'au 15 dudit mois, ils n'auraient pas à y comprendre un cheval et une voiture dont ils auraient fait, par exemple, l'acquisition *le 2 janvier*.

Il est à craindre que cette disposition exclusive de la taxe pour *les faits postérieurs au 1er janvier,* ne favorise singulièrement les personnes de mauvaise foi, et qui voudront chercher à se soustraire au paiement de l'impôt.

On n'a pas été sans prévoir que bien des contribuables chercheraient à s'échapper à travers les mailles de cette loi.

Mais c'est ici le cas de rappeler que les tribunaux administratifs seront juges des difficultés de l'espèce qui pourront se présenter, et qu'ils se montreront nécessairement sévères chaque fois qu'il leur sera démontré que le contribuable a voulu, par certaines dispositions prises avec plus ou moins d'adresse, éluder ses obligations.

En matière d'impôt, la fraude ne se présume pas : il faut la prouver ; mais certaines circonstances suffisent pour rendre la certitude complète.

Ainsi, nous supposons le cas où le propriétaire d'un cheval et d'une voiture remettrait son équipage, dans les derniers jours de décembre, chez un loueur de voitures et de chevaux, pour les retirer ensuite dans les premiers jours de janvier, prétendant les lui avoir vendus, et les avoir rachetés plus tard.

Nous croyons que le conseil de préfecture verrait dans de pareils faits, tous les caractères d'une manœuvre frauduleuse, et que, sans tenir aucun compte des déclarations du contribuable, il n'hésiterait pas à le condamner au paiement de la taxe et de la double taxe.

En ce qui concerne la résidence nouvelle donnant lieu à un complément de taxe, l'instruction de l'administration indique, *malgré le silence gardé par la loi, que la déclaration des faits entraînant les suppléments de taxe doit avoir lieu dans les quinze jours où ces faits se sont produits, à peine du doublement de la taxe.*

Nous ne pensons pas qu'une pénalité puisse être établie par une simple instruction. Toutefois, il importe de tenir bonne note de cette observation pour éviter une aggravation d'impôt ou , tout au moins, des contestations toujours désagréables.

Notons aussi que ce second paragraphe implique une certaine contradiction avec celui qui le précède, où il est dit que l'impôt n'est dû que pour les faits existants le 1er janvier.

Si pour un cheval et une voiture possédés après cette époque , il n'est dû aucun impôt, il n'est pas très-facile de concevoir une modification à la taxe établie par suite de faits ultérieurs. Mais disons que la loi a été un peu faite en vue d'atteindre les chevaux et les voitures qui ne passent qu'une petite partie de l'année à la campagne et le reste dans une grande ville , notamment à Paris.

Tout au moins, par voie de compensation , la loi aurait-elle dû disposer que le cheval et la voiture qui quitteront la grande ville pour retourner à la campagne , auront droit à un dégrèvement de taxe.

Art. 10. — Si le contribuable a plusieurs résidences, il sera, pour les chevaux et les voitures qui le suivent habituellement, imposé dans la commune où il est soumis à la contribution personnelle, conformément à l'article 13 de la loi du 21 avril 1832 ; mais la contribution sera établie suivant la taxe de la commune dont la population est la plus élevée. Pour les chevaux et les voitures qui restent habituellement attachés à l'une de ses résidences, le contribuable sera imposé dans la commune de cette résidence et suivant la taxe afférente à la population de cette commune.

Pour l'intelligence de cet article, nous croyons devoir

reproduire ici celui que contenait le projet primitif :

ART. 10. — Dans le cas où le contribuable a plusieurs résidences, la contribution est due, pour les chevaux et les voitures qui le suivent habituellement, dans la commune dont la population donne lieu aux taxes les plus élevées, et, en cas d'égalité de taxe, dans la commune où le redevable a sa résidence d'hiver.

Les chevaux et les voitures qui restent habituellement attachés à une même habitation sont imposables dans la commune où est située cette habitation.

On le voit, la différence de ces deux articles porte sur ce point que, lors même que le propriétaire aurait plusieurs résidences *et que la taxe la plus élevée devrait être acquittée*, le paiement de l'impôt aura lieu alors dans la commune où ce propriétaire est soumis à la contribution personnelle.

Cette modification n'a été introduite que dans le but d'accroître les ressources des petites communes, en les faisant profiter du dixième de l'impôt auquel elles ont droit.

On n'a fait, du reste, que donner une sanction à cet égard à ce qui existe déjà pour l'impôt des chiens et pour les permis de chasse; avec cette différence, toutefois, qu'alors même que l'impôt des voitures peut être acquitté dans *la commune du domicile réel*, la quotité en est réglée d'après la résidence qui donne lieu à la contribution la plus élevée.

ART. 11. — Les contribuables sont tenus de faire la déclaration des voitures et des chevaux à raison desquels ils sont imposables, et d'indiquer les différentes communes où ils ont des habitations, en désignant celles où ils ont des éléments de cotisation en permanence.

Les déclarations sont valables pour toute la durée des faits qui y ont donné lieu; elles doivent être modifiées dans le cas de changement de résidence hors de la commune ou du ressort de la perception, et dans le cas de modifications survenues dans les bases de cotisation.

Les déclarations seront faites ou modifiées, s'il y a lieu, le 15 janvier au plus tard de chaque année, à la mairie de l'une des communes où les contribuables ont leur résidence.

Si les déclarations ne sont pas faites dans le délai ci-dessus, ou si elles sont inexactes ou incomplètes, il y sera suppléé d'office par le contrôleur des contributions directes, qui est chargé de rédiger, de concert avec le maire et les répartiteurs, l'état-matrice destiné à servir de base à la confection du rôle.

En cas de contestation entre le contrôleur et le maire et les répartiteurs, il sera, sur le rapport du directeur des contributions directes, statué par le Préfet, sauf référé au Ministre des finances, si la décision était contraire à la proposition du directeur, et, dans tous les cas, sans préjudice pour le contribuable du droit de réclamer après la mise en recouvrement du rôle.

Pour l'accomplissement des obligations des contribuables, l'administration des contributions directes fait déposer chaque année dans les mairies des formules destinées à l'inscription des déclarations des possesseurs de chevaux et de voitures.

Contrairement à ce qui se pratique au sujet de l'impôt des chiens, le contribuable peut faire, à son gré, la déclaration de tous les chevaux et voitures qu'il possède, dans l'*une des différentes communes où il a une habitation*.

Le directeur des contributions directes fait ensuite le dépouillement de la déclaration, pour établir les différentes taxes dues d'après les dispositions de l'article 10 précité , et conformément aux observations que nous avons développées à ce sujet.

Cet article confirme de plus les dispositions de l'article 9 , en ce qui concerne la seconde déclaration à faire dans le cas de changement de résidence, amenant une modification dans les bases de l'impôt.

Mais cet article ne disant pas que le contribuable pourra obtenir un dégrèvement de taxe , dans le cas où ce changement de résidence donnerait lieu à une contribution moins élevée, on doit en conclure que le législateur n'a entendu parler que de la circonstance donnant lieu à l'augmentation de la taxe.

Ce n'est pas moins là une difficulté qui ne manquera pas d'être élevée, et qui, du reste, soulève, à notre avis, une véritable question d'équité.

Enfin, comme si le législateur eût prévu lui-même toutes les difficultés que peut faire naître, à son début, l'application de cette loi, il a voulu entourer les contribuables d'un complément de garanties qui ne leur est pas accordé pour l'établissement des autres contributions.

Il est évident que, dans bien des cas, il y aura désaccord et différence d'appréciation entre le contrôleur. le maire et les répartiteurs.

Dans ce cas, le directeur des contributions directes doit soumettre la question au Préfet, sans appel à la décision du Ministre des finances, si le Préfet ne partage pas l'avis du directeur.

Nous le répétons, c'est là une première garantie; car

cette décision n'enlève rien aux droits des contribuables, de se pourvoir par voie de réclamation devant le
conseil de préfecture, après la mise en recouvrement
du rôle.

Ceci nous conduit à dire un mot du décret qui vient
de paraître, et qui permet aux justiciables des conseils
de préfecture de venir s'y défendre eux-mêmes ou par
des mandataires (¹).

Ils se trouvent désormais protégés , lorsque des intérêts sérieux seront mis en jeu, par une garantie pré-
cieuse et que, depuis longtemps, on réclamait de toutes
parts comme indispensable.

En effet, malgré tous les soins que l'on peut apporter
à la rédaction d'un mémoire , il y a certaines choses
que l'on omet toujours, qui paraîtraient des redites,
des longueurs, et qui ne peuvent trouver place que
dans la défense orale.

D'un autre côté, le juge qui est placé hors la présence
des parties, est souvent embarrassé; il sent son attention se briser de fatigue à compulser des pièces le plus
souvent mal écrites, et dans lesquelles il trouve de
regrettables lacunes. Il s'aperçoit qu'il aurait besoin
d'explications pour comprendre certains passages obs-
curs, et il ne quitte jamais l'examen d'un dossier l'esprit
entièrement satisfait.

Que de procès qui ont été perdus sur de simples
mémoires , et qui auraient été gagnés si les parties

(¹) Nous avons cru devoir donner, à la suite de cette brochure, le texte
de ce décret et du rapport dont il est précédé.

eussent pu faire entendre des défenseurs expérimentés !

Les difficultés d'appréciations auxquelles va donner lieu l'impôt des chevaux et des voitures, seront portées devant les conseils de préfecture, où elles pourront être débattues oralement.

Toutefois, le décret dont nous venons de parler est loin d'être complet, et l'on annonce une instruction qui n'a pas encore paru.

En attendant, on peut se demander, à propos des observations que nous venons de présenter sur l'article 11, si le Préfet, après avoir décidé, comme administrateur, une question relative à cet impôt, pourra encore en connaître en qualité de juge ; cependant la présidence des conseils de préfecture lui est déférée et il semble résulter du rapport qui précède le décret, qu'il devra toujours l'exercer.

Ajoutons encore que si l'impôt des voitures et des chevaux, appartenant à la classe des impôts directs, entraîne la compétence administrative des conseils de préfecture, pour les cas dans lesquels le contribuable est imposable, ou doit être exonéré, et que si c'est également devant cette juridiction que seront jugées les demandes en réduction ou en décharge présentées dans les trois mois de la publication des rôles, les demandes de remise ou de modération, s'adressant à la justice gracieuse, continueront à être décidées administrativement par le Préfet, sauf recours devant le Ministre des finances.

Art. 12. — Les taxes seront doublées pour les voitures et les chevaux qui n'auront pas été déclarés ou qui auront été déclarés d'une manière inexacte.

On se rappellera que le doublement de la taxe s'applique aussi bien aux taxes principales qu'aux taxes supplémentaires établies par le second paragraphe de l'article 9.

Ces dispositions, on le voit, sont moins sévères que celles de la loi concernant la taxe municipale établie sur les chiens, qui punit d'une taxe triple les fausses déclarations ou les déclarations incomplètes.

Art. 13. — Il est ajouté à l'impôt cinq centimes par franc pour couvrir les décharges, réductions, remises ou modérations, ainsi que les frais de l'assiette de l'impôt et ceux de la confection des rôles, qui seront établis, arrêtés, publiés et recouvrés comme en matière de contributions directes.
En cas d'insuffisance, il sera pourvu au déficit par un prélèvement sur le montant de l'impôt.

Du moment où le recouvrement de la taxe sur les voitures et sur les chevaux doit être fait de la même manière que l'impôt des contributions directes, les mêmes règles doivent également être appliquées en ce qui concerne les réclamations auxquelles cette contribution peut donner lieu.

Or, d'après la loi qui régit le recouvrement des contributions directes, les demandes en décharge ou en réduction doivent être présentées dans les trois mois de la publication des rôles.

De plus, les réclamations seules qui *sont supérieures à 30 fr.* doivent être écrites sur papier timbré.

Enfin, ajoutons qu'un membre de la chambre ayant

demandé, lors de la discussion du projet de loi, si cette taxe serait recouvrée par douzièmes, comme les autres contributions, il lui a été répondu affirmativement.

Nous terminerons en faisant remarquer qu'une loi analogue, votée il y a trois ans par la Chambre des députés, et qui assujettissait à une taxe *les voitures de luxe*, fut rejetée par le Sénat comme inconstitutionnelle. Nous répèterons donc encore une fois qu'il est très-important de bien remarquer, pour faire une application équitable de la nouvelle loi, que l'on doit éloigner des interprétations tout ce qui pourrait donner à la nouvelle contribution le caractère d'un impôt somptuaire.

Lorsque la première édition de cette brochure a paru, le doute et l'incertitude étaient dans tous les esprits.

L'idée s'était généralement répandue, en effet, qu'il s'agissait d'un impôt s'attaquant aux manifestations extérieures de la richesse, et que ce serait la forme de la voiture qu'il faudrait examiner avant tout.

Un grand nombre de petits propriétaires, de cultivateurs, bien que possesseurs de voitures plus que modestes, craignant néanmoins qu'elles pussent paraître trop élégantes, se disposaient à les changer contre de simples jardinières, et encore se demandaient-ils s'ils pouvaient se permettre d'avoir *un ressort* à cette voiture.

La voiture à quatre roues était condamnée à payer en tout état de cause, et la question n'était même pas agitée, tant elle paraissait certaine.

Notre embarras, nous l'avouons, a été grand dans le principe, n'ayant alors ni commentaires ni explications propres à nous éclairer un peu sur un sujet si délicat et si plein de difficultés.

Cependant, il nous parut évident que la pensée du législateur avait été mal comprise, et que c'était la principale cause de l'obscurité dont on se plaignait, et des difficultés que l'on voyait partout.

Aujourd'hui, le terrain est un peu déblayé :

La *presse* a fait entendre sa voix; et si les discussions qui se sont engagées n'ont pas toujours produit la lumière, tout au moins elles ont mis en évidence certains points principaux sur lesquels nos appréciations se sont rencontrées avec l'avis professé par les hommes les plus compétents.

Ainsi, on a généralement fait remarquer que, dans plusieurs cas, il semblait que l'instruction de la direction générale des contributions directes avait procédé par voie d'extension, ce qui n'est pas permis, en présence de l'article 247, section des contributions indirectes de la loi du 28 avril 1816, qui porte : « Aucunes instructions, soit d'un Ministre ou autre « autorité, ne pourront, sous quelque prétexte que « ce soit, annuler, étendre, modifier ou forcer le vrai « sens des dispositions de la présente loi. — Les tri- « bunaux ne pourront prononcer de condamnations… « qui ne résulteraient pas formellement de la loi. »

Ces principes sont constamment appliqués par les tribunaux.

D'un autre côté, la voiture, comme nous l'avons expliqué, n'a paru passible de l'impôt qu'autant que *le cheval serait soumis lui-même à la taxe*, et les deux objets ne seraient dès-lors pas divisibles pour faire deux applications distinctes du tarif.

Nous complétons ce que nous avons exposé à ce

sujet par des observations que l'on trouvera ci-après (¹),
et qui sont tirées des propres déclarations consignées
dans la nouvelle instruction de la direction générale
des contributions directes.

Enfin, en présence des termes de l'article 6 de la loi,
qui ne comportent aucune réserve, on a soutenu que
les voitures et les chevaux employés par des personnes
assujetties à la patente ne devraient pas payer l'impôt,
et qu'il n'y avait aucune distinction à faire à cet égard.

Peut-être cette opinion est-elle trop absolue.

Voici maintenant la solution donnée par l'administration des contributions directes aux différentes questions qui lui ont été posées. — Nous y ajoutons nos
propres observations.

1ʳᵉ QUESTION. — Les ambassadeurs, chargés d'affaires, consuls et autres représentants des puissances
étrangères sont-ils imposables pour leurs chevaux et
leurs voitures?

Réponse. — Les représentants des puissances étrangères, à moins qu'ils ne soient des citoyens nés ou
naturalisés Français, étant censés résider toujours sur
la terre nationale, leurs chevaux et leurs voitures doivent être considérés comme n'existant point en France.
Ces représentants, dès-lors, ne sont pas plus passibles
de la contribution sur les voitures et les chevaux,
qu'ils ne le sont de la contribution personnelle et mobilière.

(¹) Voir page 47.

2ᵉ QUESTION. — La loi exempte les voitures et les chevaux possédés par les ministres des différents cultes.

L'exemption s'étend-elle :

1° Aux chanoines et prêtres qui ne sont pas chargés de l'administration d'une paroisse, qui ne sont pas obligés de se transporter auprès des malades, et qui n'ont besoin ni de chevaux ni de voitures pour remplir leurs fonctions?

2° Aux membres des corporations religieuses, sans distinction?

Réponse. — L'exemption doit être expliquée à tous les ministres des différents cultes, sans qu'il y ait à rechercher s'ils ont ou n'ont pas besoin de chevaux ou de voitures pour l'exercice de leur ministère ; elle n'est pas applicable aux membres des corporations religieuses qui n'ont pas le caractère de ministres du culte.

3ᵉ QUESTION. — Le propriétaire qui fait cultiver ses domaines par des colons partiaires, doit-il être considéré comme cultivateur lui-même, en raison de la vente des produits qui lui reviennent du colonage ou de l'achat des bestiaux et instruments d'exploitation.

Réponse. — Oui, et il a droit à l'exemption dans les mêmes conditions que le cultivateur ordinaire.

Observation. — Par conséquent, le cheval et *la voiture* dont il se sert sont affranchis de l'impôt.

4ᵉ QUESTION. — Dans quel cas y a-t-il lieu d'imposer ou d'exempter les voitures et les chevaux qui sont affectés au service personnel?

Réponse. — Les voitures et les chevaux qui sont employés , même en partie, pour le service de l'agriculture, ne sont point imposables ; mais l'imposition devrait avoir lieu si l'affectation au service agricole n'était qu'un fait accidentel, attendu qu'on ne doit tenir compte des faits de l'espèce ni pour l'imposition ni pour l'exemption.

Il arrive fréquemment que l'affectation des chevaux à l'agriculture est habituelle, et que celle des voitures au même service n'est qu'accidentelle. Dans ce cas, les chevaux ne sont point imposables ; les voitures le sont, mais seulement pour la taxe que leur attribue le tarif.

La distinction du fait habituel ou accidentel est une question dont la solution dépend des circonstances et des localités, et dont l'appréciation appartient aux agents des contributions directes, sauf réclamation ultétieure de la part des intéressés. Cette solution s'applique aussi aux patentés qui se servent de leurs voitures et de leurs chevaux pour l'exercice de leur profession et pour leur agrément.

Observation. — Nous maintenons de tous points les observations que nous avons présentées au sujet de l'article 6 ([1]). On ne peut, à notre avis, imposer la voiture sans le cheval.

([1]) Voir page 16.

5ᵉ QUESTION. — Un industriel, maître de forges, filateur, etc., qui, indépendamment des voitures qu'il emploie au transport des marchandises, possède une voiture servant à son usage et à celui de sa famille, est-il imposable pour cette voiture, lorsqu'il s'en sert aussi pour des courses relatives à l'industrie?

Réponse. — La voiture à l'usage du propriétaire ou de sa famille est imposable, à moins qu'elle ne soit aussi habituellement employée pour le service de l'industrie.

Observation. — *Cette réponse à la question nous paraît être négative.*

6ᵉ QUESTION. — Les voitures affectées au service personnel donnent-elles lieu au paiement de l'impôt, lorsqu'on ne les attelle qu'avec des mules ou avec des ânes?

Réponse. — Non, la loi ne mentionne comme imposables que les voitures attelées avec des chevaux.

Observation. — Il y a ici contradiction évidente avec la réponse faite à l'article 4 et avec les explications données par l'instruction de l'administration (§ 8), au sujet de la possibilité de faire l'application de la taxe à la voiture prise isolément. On peut même voir dans cette réponse la confirmation manifeste de l'opinion que nous avons émise, à savoir que l'on ne peut imposer la voiture séparément du cheval.

En effet, si une voiture attelée avec des mules ou

des ânes *est affranchie de la taxe*, par le seul fait qu'elle n'est pas traînée par des animaux soumis à la taxe, pourquoi et comment cette voiture pourrait-elle en devenir passible lorsqu'elle sera attelée avec un cheval ou une jument dispensés de l'impôt?

Aucune réponse satisfaisante ne nous paraît possible. C'est donc bien, comme nous le disions, le *cheval* soumis à la contribution qui doit faire imposer la voiture; et si l'on peut imposer le cheval seul, quand il est employé à la selle, on ne peut, à notre avis, imposer la voiture sans le cheval, parce qu'alors ce n'est plus une *voiture attelée* dans le sens de la loi.

7ᵉ QUESTION. — Les voitures et les chevaux exclusivement employés au service des mines ne sont pas spécialement désignés dans les exceptions; doit-on les faire entrer dans les bases de l'impôt?

Réponse. — Non. Les concessionnaires des mines ne seraient imposables pour ces voitures et ces chevaux qu'autant qu'ils les affecteraient aussi à leur service personnel. Cette dernière affectation étant une condition nécessaire de l'imposition, on ne saurait comprendre dans les bases de l'impôt les voitures et les chevaux exclusivement affectés à l'exploitation des mines, par le motif seul qu'il n'en est pas fait une mention spéciale dans les exceptions.

8ᵉ QUESTION. — Les chevaux possédés en conformité des règlements du service militaire ou administratif ne donnent pas lieu au paiement de la taxe. Doit-il en être de même des voitures attelées avec ces chevaux?

Réponse. — Non, à moins que les règlements ne rendent la possession des voitures obligatoire.

9ᵉ QUESTION. — Le fonctionnaire qui, sans y être astreint par les règlements, possède un cheval ou une voiture dont il ne fait usage que pour son service, peut-il être affranchi de la taxe en vertu de l'article 7 de la loi du 2 juillet 1862?

Réponse. — Non. Les exemptions sont de droit étroit et elles ne peuvent profiter qu'aux fonctionnaires pour lesquels les règlements rendent obligatoire la possession de voitures ou de chevaux.

10ᵉ QUESTION. — Un propriétaire a plusieurs habitations où il est suivi par les mêmes chevaux qu'il attelle à des voitures restant en permanence dans chaque résidence ; comment doit-on l'imposer?

Réponse. — On doit l'imposer pour ses chevaux dans la commune du domicile réel, d'après le tarif de la commune dont la population est le plus élevée. Pour ses voitures, on doit l'imposer dans les communes où elles sont en permanence, en commençant par la commune dont la population est le plus élevée et en s'arrêtant au nombre de voitures que le propriétaire peut atteler simultanément avec les chevaux dont il dispose.

Observation. — Pour l'intelligence de cette réponse,

nous renvoyons au Commentaire que nous avons publié
sur l'article 10 de la loi (¹).

11ᵉ QUESTION. — Dans quelle commune et d'après
quel tarif doit-on imposer :

1° Le propriétaire qui a son domicile réel dans une
ville sans y avoir d'écuries et de remises, et une habitation avec écuries et remises dans une commune rurale où rentrent, tous les jours, les chevaux et les
voitures qui lui servent d'ailleurs dans la ville comme
dans la commune rurale ?

2° Le propriétaire qui a dans une commune rurale
son habitation avec écuries et remises, et dans une ville
voisine, où il n'a point d'habitation, un bureau d'affaires ou un simple pied-à-terre, avec des écuries et
remises où les chevaux et les voitures ne stationnent
qu'une partie de la journée?

3° Le propriétaire qui réside habituellement dans
une commune rurale et vient passer, chaque année,
avec ses chevaux et ses voitures, quelques semaines
en ville dans la maison d'un ami ou dans une auberge?

Réponse. —Il est imposable dans la commune rurale;
mais s'il n'avait pas d'habitation dans la commune où se
trouvent les écuries et les remises, la voiture et les chevaux devraient être imposés dans la ville où le propriétaire a son domicile réel et d'après le tarif de la ville,
bien que les écuries et les remises se trouvent dans la
commune rurale.

(¹) Voir pages 35, 36, 37.

Il est imposable dans la commune rurale d'après le tarif de cette commune.

Pour être imposable dans la commune rurale d'après le tarif de la ville, il faudrait qu'il eût dans la ville une habitation ; et pour être imposable au rôle de la ville, il faudrait qu'il y eût son domicile réel.

On doit l'imposer dans la commune rurale où est son domicile réel et d'après le tarif de la ville, s'il peut être considéré comme y ayant une habitation. S'il n'y passait que comme visiteur ou comme voyageur, il ne serait imposable que d'après le tarif de la commune rurale. L'application du tarif devient encore ici une question de fait laissée à l'appréciation des agents locaux.

12e QUESTION. — Le contrôleur peut-il, au moment de la rédaction des états matrices, modifier les éléments de cotisation déclarés par les contribuables ?

Réponse. — Si les déclarations ne sont pas faites dans le délai fixé, ou si elles sont inexactes ou incomplètes, il doit, aux termes de l'article 11 de la loi, y être suppléé d'office par le contrôleur des contributions directes.

Cet agent doit donc suppléer aux déclarations qui n'auraient pas été faites, et ajouter aux déclarations inexactes ou incomplètes la matière imposable non déclarée.

Si une déclaration comprenait des chevaux et des voitures évidemment non imposables, comme, par exemple, la déclaration qu'aurait faite un ministre du culte, celle faite par un propriétaire qui aurait déclaré plusieurs voitures attelées et un seul cheval, etc., le contrôleur ne devrait point tenir compte des objets déclarés par méprise.

Si une déclaration contenait des observations ou des réserves et n'avait été faite, pour ainsi dire, que conditionnellement, le contrôleur devrait l'examiner avec attention, résoudre les questions soulevées, dans le sens des instructions, régulariser la déclaration et n'inscrire dans l'état matrice, pour des taxes simples, que les chevaux et les voitures réellement imposables.

Si la déclaration ne contenait ni observations ni réserves, et que son examen ne fît ressortir que des faits contestables ou douteux, comme dans le cas de voitures ou de chevaux servant à des usages mixtes ou employés seulement temporairement au service personnel du possesseur, le contrôleur ne serait pas fondé à modifier une déclaration par laquelle un propriétaire se serait considéré lui-même comme imposable.

Observation. — Il est évident que les contribuables ne sont nullement liés par leurs déclarations, si, par erreur, ils y avaient compris des objets non imposables; et que, dans ce cas, à défaut des éliminations que peuvent opérer d'office les contrôleurs, ils peuvent toujours se pourvoir par voie de réclamation.

Nous appelons l'attention de nos lecteurs sur cet article, duquel il résulte clairement que la déclaration faite n'entraîne point l'obligation de payer, si cette déclaration comprend par erreur des voitures et des chevaux dispensés de la taxe ; et qu'alors la voie de la réclamation est ouverte pendant les trois mois qui suivent l'émission du rôle.

13° QUESTION. — Il est alloué aux contrôleurs et aux directeurs une indemnité pour les communes où il aura été fait des rôles. Devra-t-on compter parmi ces communes celles où il n'aura été fait que des rôles supplémentaires ?

Réponse. — Oui.

———

On remarquera que, parmi les questions posées par cette Instruction, et auxquelles elle donne elle-même la réponse, ne se trouve point comprise celle que peut soulever la possession des chevaux et des juments remis en dépôt chez les cultivateurs par l'autorité militaire.

Il nous paraît évident que les conditions seules mises à la possession de ces animaux sont exclusives de toute taxe.

« En effet, les propriétaires ne peuvent les employer « qu'à l'agriculture ou à la reproduction. »

Or, dans ces deux cas, il y a dispense de l'impôt.

Conseils de Préfecture.

—

Rapport à l'Empereur.

Sire,

L'Empereur Napoléon Ier disait dans une discussion au conseil d'État : « Il y a un grand vice dans le jugement des affaires contentieuses, c'est qu'elles sont jugées sans entendre les parties. »

L'ordonnance du 2 février 1831 a modifié la procédure suivie devant le conseil d'État, mais elle n'a pas été rendue applicable aux conseils de préfecture.

Ces conseils statuent chaque année sur plus de 200,000 affaires qui concernent notamment les travaux publics, la grande voirie, les chemins vicinaux, les contributions, les élections, les cours d'eau, les mines, les établissements insalubres et la comptabilité communale. Sur ces matières, ils forment le premier degré de la juridiction administrative, mais les justiciables regrettent de ne pas trouver auprès d'eux toutes les garanties que leur assurent au conseil d'État, depuis trente ans, la création d'un commissaire du gouvernement, la présence des parties et la pu · blicité des audiences.

Le moment me paraît venu, Sire, de mettre un terme à cette situation exceptionnelle, qui n'est en rapport ni avec les principes qui président à notre organisation judiciaire ni avec les idées et les exigences de notre temps. J'apprécie l'importance des services rendus par les conseils de préfecture, la haute impartialité de leurs jugements, le savoir et le zèle des magistrats qui s'honorent d'y prolonger leur carrière; mais il est impossible de méconnaître l'avantage des débats publics et contradictoires. La justice aime à s'appuyer sur l'opinion, et son autorité gagne à se trouver en contact direct avec les citoyens dont elle règle les intérêts et termine les différends.

J'ai l'honneur de soumettre à Votre Majesté les propositions suivantes :

A l'avenir, les séances des conseils de préfecture, statuant sur les affaires contentieuses, seraient publiques. Les parties seraient admises à y présenter leurs observations en personne ou par mandataire. Cette innovation, consacrée déjà par la pratique dans trois départements, permet d'atteindre le but essentiel en pareille matière, c'est-à-dire de rendre, à peu de frais, bonne et prompte justice.

La publicité des audiences serait une mesure défectueuse, si, en donnant satisfaction aux parties, elle laissait l'administration désarmée devant elle. Il importe que, dans chaque affaire, une voix autorisée puisse s'élever dans l'intérêt de la loi et revendiquer les droits de l'État ; il est donc nécessaire de créer auprès des conseils de préfecture un ministère public. Le commissaire du gouvernement prendrait des conclusions dans toute question contentieuse; il veillerait à l'exacte observation des lois et des règles de la jurisprudence. Son intervention contribuerait, sans aucun doute, à réduire le nombre des infirmations, et, par suite, il est permis de l'espérer, celui des recours devant la juridiction supérieure.

Cette création n'entraînerait aucune charge nouvelle pour le budget. Les fonctions de commissaire du gouvernement seraient confiées au secrétaire général de chaque préfecture. C'est le moyen le plus simple de constituer, sans accroissement de dépense, un ministère public assez haut placé pour inspirer confiance aux justiciables et assez expérimenté pour faire prévaloir un corps de doctrines.

L'application de cette mesure dans les départements qui ne comptent que trois conseillers n'aurait pas l'inconvénient d'en réduire le nombre au-dessous du chiffre nécessaire pour délibérer, puisque le préfet, aux termes de l'arrêté du 19 fructidor an IX, fait partie du conseil, et qu'à son défaut un suppléant prendrait sa place. J'attache d'ailleurs une véritable importance à la présence des préfets dans le sein des conseils de préfecture : ils en ont la présidence, et c'est pour eux un impérieux devoir de remplir toutes les obligations qu'elle leur impose. On n'a donc pas à craindre que le nombre des juges soit insuffisant; réduit à trois dans quelques conseils, il sera encore égal à celui des magistrats de l'ordre judiciaire dans la plupart des circonscriptions, et ni l'importance ni la multiplicité des affaires n'exigent qu'on l'augmente au-delà des limites fixées pour les tribunaux ordinaires.

Enfin, pour compléter cette organisation, un greffe serait établi près de chaque conseil de préfecture; tous les dossiers y seraient déposés, les communications nécessaires y seraient faites aux intéressés, et un registre spécial permettrait de suivre le mouvement des affaires. Le greffier serait désigné par le préfet et choisi parmi les employés de la préfecture.

Quant aux formes relatives à l'introduction des instances, à l'instruction et à la décision des affaires, elles ont été établies, soit par des actes législatifs, soit par la jurisprudence du conseil d'Etat. Elles réunissent toutes les conditions d'une procédure à la fois simple, sommaire et peu dispendieuse. Je ne verrais que des inconvénients à changer un ensemble de règles éprouvées par un long usage et qui répond partout aux besoins et aux vœux des justiciables.

Telles sont, Sire, les principales dispositions du décret soumis à Votre Majesté. Si Elle daigne les agréer, la juridiction des conseils de préfecture n'aura plus rien à envier à celle du conseil d'Etat; les affaires contentieuses seront entourées, en première instance comme en appel, des formes protectrices de la même procédure. Sans doute, la publicité provoque le contrôle, mais l'administration française ne redoute pas cette épreuve, et je vais au-devant de ses désirs en proposant à Votre Majesté de décréter la publicité des audiences et le droit pour les parties d'être entendues avant d'être jugées.

Cette sage et utile réforme sera accueillie avec faveur par les populations, auxquelles elle montrera une fois de plus le profond respect de l'Empereur pour les grands principes qui sont le fondement de notre droit public et la base de la Constitution de l'Empire.

Je suis avec le plus profond respect, Sire, de Votre Majesté, le très-obéissant, très-dévoué, très-fidèle serviteur et sujet.

Le Ministre de l'intérieur,

F. DE PERSIGNY.

DÉCRET.

Art. 1er. — A l'avenir, les audiences des conseils de préfecture, statuant sur les affaires contentieuses, seront publiques.

Art. 2. — Après le rapport qui sera fait sur chaque affaire par un des conseillers, les parties pourront présenter leurs observations, soit en personne, soit par mandataire.

La décision motivée sera prononcée en audience, après délibéré, hors la présence des parties.

Art. 3. — Le secrétaire général de la préfecture remplira les fonctions de commissaire du gouvernement.

Il donnera ses conclusions dans les affaires conten·tieuses.

Les auditeurs au conseil d'Etat, attachés à une préfecture, pourront y être chargés des fonctions du ministère public.

Art. 4. — En cas d'insuffisance du nombre des membres nécessaires pour délibérer, il y sera pourvu conformément à l'arrêté du 19 fructidor an IX et au décret du 16 juin 1808.

Art. 5. — Il y aura auprès de chaque conseil un secrétaire greffier nommé par le préfet et choisi parmi les employés de la préfecture.

Art. 6. — Les comptes des receveurs des communes et des établissements de bienfaisance ne seront pas jugés en séance publique.

Art. 7. — Notre ministre de l'intérieur est chargé de l'exécution du présent décret.

Fait au palais des Tuileries, le 30 décembre 1862.

Il n'existe actuellement aucun mode défini de procédure pour l'introduction des instances, l'instruction et la décision des affaires déférées aux conseils de préfecture.

La seule voie suivie dans presque tous les départements, excepté dans trois où les audiences sont déjà publiques, c'est de rédiger un mémoire auquel sont jointes les pièces justificatives, et de l'adresser au Préfet qui saisit de l'affaire le conseil de préfecture.

Lorsque la décision a été rendue, la partie intéressée en est informée par lettre, ou bien elle en reçoit notification par voie administrative.

A l'avenir, il n'en sera plus ainsi; et la manière de procéder à laquelle la circulaire ministérielle fait allusion est celle suivie devant le conseil d'Etat, et qui va être appliquée aux conseils de préfecture. Nous croyons donc nous rendre utile aux contribuables en faisant connaître sommairement cette procédure.

PROCÉDURE

DEVANT LE CONSEIL D'ÉTAT.

—

Un décret du 22 juillet 1806 a tracé les formes de l'instruction, du rapport et du jugement des affaires. C'est le Code de procédure du conseil d'Etat.

La requête contenant les faits et les conclusions, signée d'un avocat au conseil, est déposée et inscrite au secrétariat. L'intervention d'un avocat n'est point exigée dans certaines matières, telles que les contributions, depuis la loi de finances de 1831, ou les élections départementales et communales.

Cette requête est communiquée aux parties intéressées qui doivent répondre dans un délai de quinze jours.

Des requêtes supplémentaires peuvent être produites.

Les pièces sont timbrées et enregistrées.

Un décret du 30 janvier 1852 a, en outre, disposé que les rapports au contentieux seraient faits par écrit, et que les questions posées par les rapports seraient communiquées sans déplacement aux avocats des parties, quatre jours avant la séance.

Les décisions du conseil d'Etat doivent contenir les noms et les qualités des parties, leurs conclusions et le visa des pièces principales.

Les actes sont signifiés par des huissiers au conseil.

Le tarif des dépens est réglé par une ordonnance royale du 18 janvier 1826.

Telle est, en substance, la procédure suivie pour l'instruction des affaires déférées au conseil d'Etat.

Les différentes dispositions que nous venons de rappeler ne sont que la base de la procédure qui sera observée devant les conseils de préfecture, et elles devront être complétées par un arrêté que doivent prendre les préfets, et qui sera rendu exécutoire dans chaque département.

TABLEAU DES GRADES ET EMPLOIS

dont les titulaires ont droit à l'exemption de la taxe pour les chevaux et voitures qu'ils possèdent, en conformité des règlements du service administratif.

SERVICES CIVILS.

Ministère des Finances.

1° Direction générale des douanes et des contributions indirectes.

Douanes.	Voitures.	Chevaux.
Inspecteurs divisionnaires.	»	1
Sous-inspecteurs divisionnaires.	»	1
Employés des brigades à cheval.	»	1
Préposés d'ordonnance.	»	1
Contributions indirectes.		
Inspecteurs divisionnaires.	»	1
Sous-inspecteurs divisionnaires.	»	1
Receveurs ambulants à cheval.	»	1
Commis principaux adjoints aux receveurs à cheval.	»	1
2° Direction générale des forêts.		
Inspecteurs.	»	1
Sous-inspecteurs.	»	1
Gardes généraux.	»	1
Gardes généraux adjoints.	»	1

OBSERVATIONS.

Par les mêmes considérations que nous avons développées pages 24 et 49, nous ne pensons pas que l'on puisse imposer la voiture d'un fonctionnaire dont le cheval sera dispensé de l'impôt. Une considération toute particulière vient même, dans ce dernier cas, fortifier notre opinion.

La voiture, en effet, ne peut être considérée, dans cette circonstance, que comme l'instrument obligé et nécessaire de la fonction ou du service ; et il y aurait rigueur excessive à vouloir obliger un fonctionnaire à se servir exclusivement d'un cheval pour ses déplacements, alors que son âge ou ses infirmités peuvent le plus souvent l'en empêcher et lui rendre une voiture indispensable. C'est encore là un de ces cas spéciaux non prévus par la loi, et que le bon sens et la raison peuvent seuls décider.

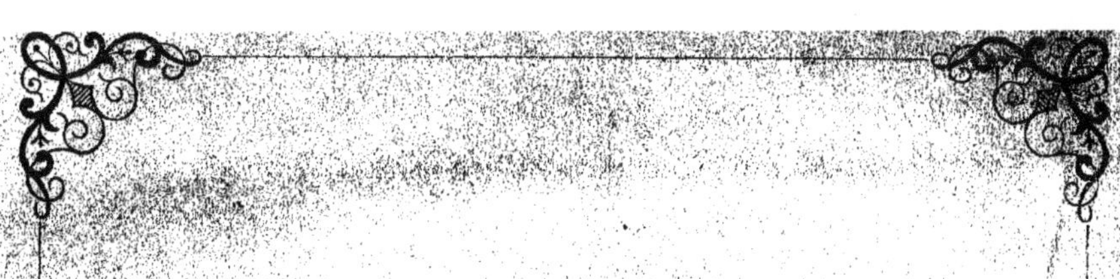

G. Deshaires. — Considérations sur l'administration départementale, Prix...................... 1 f. 50 c.

Braff, Chef de bureau au Ministère de l'intérieur. — Principes d'administration communale , 2ᵉ vol. in-8° Prix.................................... 8 f. »

E. Faivre, Guide pratique du travail des mutations, un beau volume in-8°, Prix................ 6 f. »

Recueil périodique du contentieux administratif, sous la direction de M. Haas, avec la collaboration de MM. Cotelle, Dufour, Darcet, Avocats au Conseil-d'État, Maurice Block, Sous-chef de bureau au Ministère des travaux publics, et Deshaires, Chef de division à la Préfecture de Montauban.

Prix de l'abonnement : 12 fr.